쿠키런 킹덤

4 순례자의 길 상편

글 김강현 그림 김기수

글 김강현

종합학습만화지 〈보물섬〉에 수리과학 만화 〈홈즈VS루팡 수학대전〉과 예체능 만화 〈파이팅 야구왕〉을 연재했습니다. 저서로는 〈라바 에코툰〉, 〈코믹 드래곤 플라이트〉, 〈쿠키런 서바이벌 대작전〉, 〈신비아파트 한자 귀신〉, 〈잠뜰TV 픽셀리 초능력 히어로즈〉 등이 있습니다. 어린이들이 만화를 통해 상상력과 창의력을 키울 수 있도록 끊임없이 연구하며 글을 쓰고 있습니다.

그림 김기수

학습만화 단행본 〈코믹 귀혼〉, 〈카트라이더 수학 배틀〉, 〈테일즈런너 바다 생물 편〉, 〈코믹 서유기전〉, 〈마법천자문 영문법원정대〉, 〈메이플 매쓰〉, 〈쿠키런 서바이벌 대작전〉, 〈신비아파트 한자 귀신〉 등 어린이 학습만화를 그리고 있습니다. 어린이들이 즐겁고 재미있게 공부하고 꿈을 키울 수 있도록 멋진 그림을 그리고 있답니다.

용감한 쿠키

기억을 잃고 달고나 마을에서 깨어난 쿠키.
생각의 별사탕을 찾기 위해 모험을 계속하다
과거 기억의 한 조각을 기억해 낸다.

호밀맛 쿠키

강력한 호밀 쌍권총을 휘두르며
나쁜 짓을 일삼는 쿠키나 몬스터에게
정의의 호밀 총알을 쏘아 댄다. 용감한 쿠키와
용의 길에서 만나 동료가 된다.

커스터드 3세맛 쿠키

백성과 함께하는 위대한 왕이 되고 싶어하는 쿠키.
나중에 왕국을 만들어 용감한 쿠키와
호밀맛 쿠키를 장관에 임명시키고 싶어 한다.

뱀파이어맛 쿠키

항상 의욕없는 행동과 말로 용감한 쿠키 일행의
기운을 빠지게 하지만 중요한 순간에 제 역할을 한다.
연금술사인 동생을 무서워한다.

샤방샤방 공주맛 쿠키

지혜와 용기로 용감한 쿠키 일행에게
모험의 실마리를 제공하는 똑똑한 공주.
부유한 영지의 후계자이다.

당근맛 쿠키

숲에서 당근밭을 가꾸며 뿔꿈틀이들과 살고 있는 쿠키.
친구인 샤방샤방 공주맛 쿠키를 걱정하고 있다.

감초맛 쿠키와
초코크림 늑대 망치맨

'위대한 분'을 부활시킬 열쇠로 용감한 쿠키를
이용하기 위해 그의 뒤를 바짝 쫓고 있다.

독버섯맛 쿠키

느릿한 말투와 퀭한 눈으로
상대방의 의욕을 꺾기 일수인 쿠키.
모종의 이유로 용감한 쿠키의 일행이 된다.

고독한맛 쿠키

거친 황야 지대에 혼자 살고 있는 쿠키.
용감한 쿠키 일행을 순례자의 마을로 안내한다.

차 례

1화 검은 젤리의 습격

뭐지?

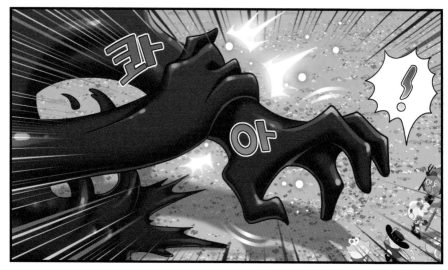

!

용감한 쿠키!

검은 젤리가
다 사라졌어!

ㅇㅇ….

용감한 쿠키!
너 괜찮아?!

켁켁!

모, 목에 뭔가
걸린 것 같아.

뭔가
잘못된
건가?

이게
도대체
뭐지?

무슨 일이
일어난 거야,
애들아?

??

내가 왜 이러고
있는 거지?
난 분명히….

왜 그래?

아까 당근맛 쿠키랑 한 대화가 생각나서.

그게 뭔데?

과거의 내가 아주 나쁜 쿠키였으면 어쩌지….

다시는 내 실수로 친구들을 잃지 않을 거야!

나쁜 쿠키였는지는 아직 모르지만…, 용감한 쿠키의 과거에 아주 안타까운 일이 있었던 것 같은데….

용감한 쿠키! 왜 갑자기 약한 소리를 해!

응?

꼭꼭 씹어 먹어~.

그럼! 체하지 않게 음식은 꼭꼭 씹어 먹어야 해!

우와아악!

왜?!

왜 그래! 뭔가 나쁜 기억이 떠올랐어?

너무 맛있이! 곰젤리들이 만든 젤리보다 훨씬 맛있다~!

그래?

나도 맛이 궁금하네.

2화 검댕 묻은 공주님

무슨 말도 안 되는 소리야?

꿈꿨어?

네가 달에 어떻게 가?

그게….

다른 건 생각나는 거 없어?

음…. 단편적인 장면만 언뜻 생각나고 다른 건 딱히….

그리고,

나를 구해 줬어! 어떤 무시무시한 힘을 가진 자한테서…. 그리고 그들이!

영혼의…, 보석…!

영혼의 보석 안에서 기다리겠다고….

도대체 무슨 소리야?

네 과거 이야기하는 거 맞아?

영혼의 보석? 설마, 그걸 말하는 건가?

샤방샤방 공주맛 쿠키! 뭔가 아세요?

예전 대륙의 기원을 다룬 역사서에서 본 적이 있어요. 거의 전설 같은 이야기인데…

우리 대륙에는 다섯 개의 '소울잼'이라는 영혼의 보석이 있는데,

소울잼?!

그걸 갖게 되면 엄청난 힘과 함께 모든 것에 대한 진실을 알 수 있다고 해요.

…라고 분명히 말했어!

그건 저 먼 바닐라 성소에 있다고! 거길 지금 어떻게 가!

내 동생은 화가 많고 힘도 세고 무섭고 날 괴롭히지만 없는 소리를 하는 애는 아니거든.

네 동생이 왜 화가 많아졌는지 정말 모르겠냐….

바닐라 성소?

바닐라 성소가 어디에 있는지 알아?

잘 모르겠는데….

난 처음 들어 봐.

난 농사만 짓고 사느라 다른 지역은 몰라.

네 동생이 그곳이 어디에 있는지는 말 안 했어?

응…. 그냥 엄청 멀다고만 했지~.

어쩌지. 나 꼭 소울잼을 찾아야 할 것 같은 강한 느낌이 들어….

그걸 찾으면 조각난 기억들이 이어질 것 같아!

일단 진정해 봐.

혹시…?

방법이 생각났어요!

샤방샤방 공주맛 쿠키!

그, 그게 뭐죠?

우리 성에 대륙 전체가 그려져 있는 지도가 있어요. 너무 커다란 지도라 걸어 놓을 곳도 없어서 창고에 넣어 놨었죠. 그 지도를 살펴보면 '바닐라 성소'가 어딘지 알 수 있을 거예요.

지도가 있다고요?

정말 다행이에요!

참! 그리고 성에서 혹시 저를 구하면 상금과 보물을 준다고 하지 않았나요?

맞아요! 어떤 보물인지는 말해 주지 않았지만요.

그 보물은 여러분들의 것이에요. 여러분이 저를…, 그리고 우리 모두를 구해 주었으니까요.

와

와

우와~!

와

자, 그럼! 지도와 상금을 받으러 저희 성으로 같이 가죠!

샤방샤방 공주맛
쿠키의 성

도대체!

샤방샤방 공주맛
쿠키는 언제
돌아오시는
겁니까?

내 신부가 될
아름답고 연약하신
공주 걱정에
이렇게 한달음에
달려왔는데요~.

번지르르 왕자맛 쿠키

그 많은
용사들이 공주를
구하러 갔다면서
왜 소식이 없는
거냐고요~.

나도 걱정
이라네….

우리 아름다운 공주!
지금 얼마나 고생을
하고 계실지~.

공주 걱정에
전 잠도 못 자고
있답니다~.

그렇게 걱정되면 자네도 구하러 가지 그러나?

네?!

함칫

아~, 저도 그리고 싶지만 저희 같은 왕족은 함부로 나설 수 없지 않습니까.

저도 너무너무 구하러 가고 싶죠, 그깟 드래곤은 제 검으로 3분이면 끝낼 수 있거든요.

덜컥

성주님!

공주님이 돌아왔습니다!

뭐? 정말인가?

오오! 드디어!

우리 성이 세워진 후, 수백 년 동안 생겨난 잡동사니를 넣어 놓은 곳이라네. 지도가 어디에 있는지는 다 뒤져 봐야 알 것 같구려.

얘들아! 빨리 찾아보자!

좋았어! 이 정도야 쉽지!

어휴~. 이건 뭐야?

물 물

예전에 쓰던 이불들이에요.

부서진 장롱도 있네! 아니, 이런 건 왜 안 버리세요?

허허, 나중에 고쳐 쓸까 하고….

이건 뭐예요? 멋진 도자기 같은데 왜 창고에…?

그건 요강이라네~.

정말 신기해요! 풍선에 의지해 하늘을 날다니!

열기구를 타면 커다란 산도 쉽게 넘어갈 수 있다네.

그나저나…, 지도는 없는 걸까요?

용감한 쿠키! 잠깐 비켜 봐!

파닥

앗!

호밀맛 쿠키, 왜 그래?

바닥에 먼지가 너무 쌓여서 잘 보이지는 않지만 뭔가가 있어!

바닥에 있는 먼지를 다 쓸어 보자!

봐! 여기가 우리가 있는 용의 길 주변이야!

오! 우리 영지도 보이는구먼!

그럼 바닐라 성소는?

잠깐만….

아! 여기 있다!

바닐라 성소

바닐라 성소! 여기는 신전 같은 곳인 걸까?

웅성
웅성
웅성
웅성
웅성

열기구 풍선이 이렇게 클 줄은 상상도 못 했어! 펼쳐 놓으니 엄청 크다!

그러게! 성의 안뜰이 풍선으로 가득 찼어.

아얏!

샤방샤방 공주맛 쿠키님!

다치셨어요?

공주님은 안 도와주셔도 되는데…!

바느질은 생각보다 어렵군요.

아프겠다. 괜찮아?

열기구가 너무 낡아서 미안해요.

아니에요! 정말 큰 도움이 될 거예요.

그나저나 용감한 쿠키는 정말 대단해요!

네?

이름대로 정말 용감한 쿠키예요.

고민하지도 않고 바로 바닐라 성소로 가겠다고 말할 줄은 몰랐어요.

그렇게 험하다는 길을 정말 떠날 셈이야, 용감한 쿠키?

너무 위험해 보이는데….

용감한 쿠키! 공주가 말하길 드래곤을 물리치는 데 자네가 가장 큰 공을 세웠다고 하더군.

네? 아니에요! 제가 아닌 다른 친구들이 고생했어요!

어찌됐든 감사의 뜻으로 자네에게 땅과 저택을 내리겠네. 그리고 상금도 주도록 하지.

그 정도면 우리 영지에서 부유하게 살 수 있을 걸세.

공주를 구한 용사이니 성의 기사단장 자리도 제안할까 하는데…, 어떤가? 이곳에서 계속 사는 것은?

집도 주고, 땅도 주고, 직업도 주고, 돈도 준다고? 당장 수락해~.

좋겠다~.

그리고 내가 듣기로는 암벽 지대를 어찌 넘어간다고 해도 그다음엔 더 위험한 세상이 기다리고 있다더군.

그 너머 사막의 황야 지대는 완전히 무법자들의 천국이라네!

끔찍한 범죄를 저지른 흉악한 쿠키들이 마지막으로 도망가는 곳이지.

어머!

무서운 곳이군요….

도망친 범죄자들의 세상이라니.

용감한 쿠키! 아빠 말대로 그런 위험한 곳에는 가지 말고 이곳에 남아 우리와 같이 살아요. 용감한 쿠키는 우리에게 꼭 필요한 쿠키예요.

어떻게 할 거야, 용감한 쿠키? 여기 남을 거지? 그럼 나도 상금 좀 나눠 주라. 남는 방 있으면 주면 좋고.

나는….

용감한 쿠키. 이제 선택할 순간인 것 같아.

친구여….

우리는 영혼의 보석 안에서 살아 있다네….

다들 너무 고마웠어! 아무리 멀고 험해도 이제부턴 나 혼자 어떻게든 해 볼게.

용감한 쿠키….

그런데…, 저 너머의 땅에는 나라도 없고 왕국도 없다고요?

그렇다네. 그 대신 부랑자들의 마을이 있다는군.

그렇다면 내가 왕국을 세우기에 딱 좋은 곳이잖아!

용감한 쿠키! 나도 간다!

황무지라도 개간하면 꿀이 흐르는 비옥한 땅이 되겠지. 같이 가서 나라를 만들자고!

아니, 나는 소울잼을 찾으러 가는 건데…?

흠….

고생할 텐데….

나도 함께 간다! 방금 그곳에 꼭 가야 할 이유가 생겼거든.

호밀맛 쿠키도?

그럼 저도 갈래요!

네에?! 샤방샤방 공주맛 쿠키도요?

가긴 어딜 가? 넌 이 영지의 후계자야!

쳇, 모험이 하고 싶었는데….

아이고, 성주님 걱정 좀 그만 시키세요.

그런데 저 거대한 암벽 지대를 어떻게 넘어갈 생각이야? 돌아가면 몇 년이나 걸리는데….

작은 거인의 땅의 절벽도 올라왔는데 열심히 오르면 가능하지 않을까?

나처럼 하늘을 날아가면 금방일 텐데…. 물론 나는 높이 날 수 없지만.

아…!

! ! ! !

왜…. 왜 그래?

열기구!
열기구가 있었지!

열기구까지
주시다니
너무 고마워요.

아니에요.
그보다 열기구가
너무 낡아서 시간이 좀
걸리네요.

다들 열심히
수리하고 있으니
금방 고칠 수
있을 거예요.

샤방샤방
공주맛 쿠키 님!
준비되었습니다!

가시죠.

아

어디
가시나요?

이 젤리는 암흑마법의
그랜드 마스터이신 그분이
최강의 케이크 몬스터를
만드는 데 쓰셨던
'다크 포션' 중의 하나다.

그리고
젤리에 걸어 놓은
주문에 따라
행동하게 된다.

이 젤리가 묻으면
누구든 마음속의
악한 마음이 커지면서
괴물로 변하게 되지.

세상을
멸망시켜라.

쿠키를
없애라.

이건
지금의 마법으로는
절대 만들 수 없어!
그만큼 위대한 마법의
힘이 가득한
젤리인데….

으으…. 뱃냥이,
네가 본 게
사실이라면….

용감한 쿠키,
그 녀석은 이 젤리를
삼켜서 정화시키는 힘이
있다는 건데…,
그게 어떻게
가능하단 말이야!

저 멍청해 보이는
쿠키가 그분과
대등한 힘이라도
있다는 건가?

소곤소곤 냐냐…

뭐?!

저 녀석들이
열기구를 타고
바닐라 성소로
가려고 한다고?

바닐라 성소는
나도 못 가본
곳인데….

하지만
문제는….

'순례자의 길'이라
불리는 중간의
황야 지대다!

그곳이
무서운 이유는
여기저기서 모여든
오합지졸 범죄자들
때문이 아니야!

암흑마법사들에게
전해 내려오는 흑마법대사전
142쪽 세 번째 줄을 보면,
순례자의 길이 끝나는 곳에 있는
고대 유적의 지하에
그 옛날 대륙 전쟁 때
케이크 몬스터 군단을 이끌던
군단장이 봉인되어 있다고 하지.

만약 그 군단장이
깨어난다면
케이크 몬스터 군단도
부활할 거야.

지금까진 군단장 쿠키를 깨울 방법을 몰랐지만, 이 암흑젤리가 내 손에 들어온 이상, 얘기는 달라지지!

음하하악

우리가 먼저 그곳으로 가서 그를 깨우는 거다!

용의 언덕 너머 암벽 지대를 건너서 무섭기로 소문난 순례자의 길로 가신다고요?

물론! 운명이 우릴 이끌고 있어!

그럼 잘 다녀오세요~. 전 이만~.

핵

어딜 가! 넌 나와 같이 간다!

따악

어흑, 제가 왜요!

이거 놔요!

바둥 바둥

차라리 저 말고 저 쿠키를 데려가세요.

참! 그런데 용감한 쿠키와 동료들은 열기구를 타고 간다는데 우린 어떻게 그들을 따라가죠?

흥! 그깟 열기구! 걱정 마라. 나에겐 더 끝내주는 탈것이 있으니.

3일 뒤

우와아아!

멋지다~!

이게 열기구구나!

그럼 이제 저희는 떠나겠습니다. 그동안 너무 감사했어요!

아! **용감한 쿠키!** 잠시만 기다리게!

이걸 가져가게나.

네? 이건…!

벌써 식량과 여행 경비를 충분히 챙겨 주셨는데 이런 걸 또 주시다니요?

공주를 구해주는 용사에겐 성의 보물을 준다고 하지 않았나! 이게 바로 보물이네.

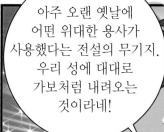

아주 오랜 옛날에 어떤 위대한 용사가 사용했다는 전설의 무기지. 우리 성에 대대로 가보처럼 내려오는 것이라네!

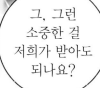

그, 그런 소중한 걸 저희가 받아도 되나요?

마음에 안 들면 다른 것으로 줄까? 스테인리스 스틸로 만든 녹이 안 스는 검도 있다네.

그게 더 쓸 만할 수도 있겠다.

아니에요. 전 이 지팡이가 정말 맘에 들어요! 감사합니다!

그래. 예의는 차려야 하니까~.

그럼 이제 진짜 떠나….

잠깐만 기다리십시오!

성 밖에 누군가 찾아왔는데 자기도 꼭 열기구를 같이 타야 된다며 우기고 있습니다!

네? 열기구를요?

대체 누구지?

왜냐하면….

응?

뱀파이어맛 쿠키! 왜 여기서 자고 있어?

너 여기 있었어?

내가 말했잖아~. 난 낮에는 잠을 자야 한다고~.

나도 말했지! 넌 밤에도 잔다고!

어쨌든 이렇게라도 너희들이 떠나기 전에 만나서 다행이네. 모두들 여행 잘 하라고~.

엥?

난 받은 상금 쓰면서 성에서 편하게 지낼 테니까 너희들은 고생해~. 안녕~.

어어?!

우와악! 언제 출발했어?

아까!

떨어질 뻔 했잖아!

날 수 있으면서 뭐가 그렇게 무서워.

나 내려 줘!

안 돼! 얼마나 힘들게 띄운 열기구인데 내려가냐?

으악! 난 가기 싫어~.

우리도 너 데려가기 싫거든?

대체 왜 여기서 잔 거야?

어…?

4화 열기구가 이끈 황야

휘이이이잉

여기서 떨어지면 몸이 쿠키 부스러기가 되고 말 거야.

열기구가 있어서 정말 다행이다.

설렌다~.

용감한 쿠키이이….

우리 마을에선 '저 쿠키 참 독버섯스럽네~.' 하면 법 없이도 살 착한 쿠키라는 뜻이야.

아하~!

법 없이 사는 무법자란 뜻은 아니겠지.

아무리 봐도 너무 수상하게 생겼는데. 조금 의심스럽지 않아?

소곤

호밀맛 쿠키! 쿠키를 겉모습만 보고 판단하면 안 돼!

쿠키끼리는 서로 믿어야지.

어휴…, 용감한 쿠키. 너 너무 세상을 마냥 좋게 보는 거 아니야?

그래서…, 너는 어떻게 저 황무지에서 용의 언덕까지 오게 된 건데?

뭐?!

그, 그건…. 그러니까 아아~.

그래!
난 납치를
당했어어~.

머, 머리가 세 개인
거대한 독수리에게
납치되어서 용의 언덕에
오게 됐지 뭐야.
대머리 독수리 무서워어~.

와,
저런 말을
누가 믿어!

너희 동네엔
그런 동물이
사는구나.
무서웠겠다.

응….

그나저나 도대체
이 암벽 지대는
언제 끝날까?

맙소사!
뽀족한 곳에
풍선이
걸렸어!

계속 불타고
있는데?!
다 타서 찢어지면
우린 추락할
거야!

이대로
있을 순 없어.
빨리 여길
탈출해야 돼!

어떻게
탈출해?

아래는
까마득한
절벽이라고.

됐어!
이제 어떻게
할 거야?

모두 로프를 타고
아래로 내려가자!

으아아!

와아아!

불타 버린 기구에서 건진 건 상금으로 받은 금화와…,

용감한 쿠키의 지팡이뿐이네.

이 황야에서 돈 쓸 일도 없을 테고.

그래? 그럼 내가 가질까아?

됐어. 내가 들고 다닐 거야.

우리 이제 어디로 가지?

흐음…. 그 지도에 따르면,

바닐라 성소는 동쪽에 있었어. 계속 동쪽으로 가는 수밖에 없어.

동쪽이 어딘지 어떻게 알아? 나침반도 없잖아.

금화다~.

휘이이

헉 헉

춥다….

나 너무
힘들어서
더 이상 못 가~.

다리가 너무
아프다고.

털썩

계속
날아와 놓고
무슨 소리야?

그래, 너무
어두워졌어.

여기서
하룻밤
쉬었다 가자.

일단
불을 피워야
할 것 같은데
땔감을 찾을 수
있을까?

여기저기에
마른 풀이랑
잔가지들이 꽤 있어!
모아 오자!

휘 이 잉

데굴
데굴

독버섯맛 쿠키, 너 마법사야? 방금 쓴 거 마법이지?

엉? 그, 그게~.

고마워, 독버섯맛 쿠키!

이정도야 우습지~.

……

추위에 떨며 고생할 뻔했잖아!

마법을 쓸 수 있다는 걸 들키면 안 된다고 하셨는데….

네 정체는 비밀로 하도록!

나, 나는 마법사는 아니야.

마법사 옆집에 산 적은 있어. 그때 어깨너머로 슬쩍 불 피우는 방법만 훔쳐본 거야.

뚜아

왜, 왜 그렇게 놀라?

아! 그래!
불을 이용하자!
동물이니까 불을
무서워할 거야!

그렇지!
모두 불붙은
가지를 들어!

훠이~.

저리 가!

마시멜로

컥!

콰쾅

꽈당

떡

아이고~.

윽!

우리 구덩이에 빠진 건가?

여기에 왜 이런 게 있어? 으앙, 아파~!

얘들아, 괜찮아?

헉! 와플 도마뱀들이…!

뭐?

스으윽

안 돼! 와플 도마뱀들이 이 구덩이로 들어오넌!

으악!
대왕 거미다!

뭐지?
왜….

아! 와플
도마뱀들을
쫓아갔나 봐!

우와!
다행이다!

황야에는
저렇게
큰 거미가
사는구나.

진짜잖아!
도대체 누가
이런 짓을!

이곳에 떨어진
동물들이 다시
기어나가지 못하게
미끄러운 기름을
발라 놨나 봐.

미끌
미끌

그렇다는 건
이 구덩이는 누군가
일부러 파 놓은
함정이란 건가?

그, 그럼
못 나가아?

왜 못 나가? 우리에겐
뱀파이어맛 쿠키가 있는데~.
네가 우리를 들어서
위로 올려 줘라.
능력 많고 착한
뱀파이어맛 쿠키~.

쳇!
이럴 때만
나를
찾는구나!

그런데 오늘 밤은
이 구덩이 안에서
보내는 게
나을 것 같아.

맞아. 동물들도
미끄러운 걸 알아서
그냥 지나간 것
같아.

그렇게 구덩이 속에서 밤을 보내는 용감한 쿠키와 친구들.

아, 해가 떴네. 날이 밝았구나.

애들아, 일어나! 이제 여길 나가자.

으음..., 조금만 더 자면 안 될까?

여기도 안전하지는 않잖아.

으.... 알았어.

혹시 어딘지 아세요?

아니, 난 처음 들어 보는데…. 사실 나도 원래 여기서 살던 쿠키는 아니라서 말이지.

그럼 고독한 맛 쿠키는 이곳에 어떻게 오셨는데요?

나는….

저 암벽 지대가 아니고 배를 타고 바다를 통해 이곳에 왔어.

고독한맛 쿠키도 우리와 같은 곳에서 오신 거예요?

내가 살던 곳은 그런 평화로운 곳이 아니야. 전쟁이 일어난 곳이거든.

아름답던 곳이 왜 이렇게 변했을까요?

아무도 모르지. 그 위대한 다섯 왕국이 무엇 때문에 하루아침에 멸망했는지도…. 까마득한 옛날 일 아니겠니.

그럼 이곳에 대한 이야기는 누구한테 들으셨는데요?

그건….

이곳에도 쿠키들의 마을이 있단다. 외지인이 아니라 나고 자란 쿠키들이 사는 곳이지. 순례자의 마을이라는 곳이다.

그곳에 사는 노움한테 들은 얘기야. 황설탕노움이라고 아주 현명하신 분이지.

설탕노움 님이요? 저도 예전에 노움 님께 큰 도움을 받았어요!

그래. 노움들은 보통 많은 걸 아니 자네들이 찾는 바닐라 성소에 대해 알 수도 있겠군.

오!

내가 순례자의 마을까지 안내해 주지.

와! 감사합니다!

마을은 여기서 멀리 떨어져 있나요?

음? 아, 잠깐 기다리게.

휘이이잉

휘파람?

오! 마을이 꽤 크네요!

고독한맛 쿠키! 마을에 오랜만에 왔군. 생필품 사러 왔나 봐?

아니야. 그보다 혹시 황설탕노움 님은 어디 계신지 아나?

황설탕노움 님은 보안관맛 쿠키를 만나러 보안관 사무소로 가셨네.

아, 그렇군! 고맙네!

마을에 보안관도 있나요?

당연하지! 이곳은 여기저기서 흘러 들어온 범죄자 쿠키들이 오시탐탐 마을을 노려서 항상 보안을 철저히 해야 해.

용감한 쿠키와 친구들 중 한 쿠키가 창고 청소에 늦었다고 합니다. 다음 중 한 쿠키만 바르게 말했을 때, 지각을 한 쿠키는 누구일까요?

레벨업 퀴즈 ①

논리력

나는 지각하지 않았어.

뱀파이어맛 쿠키가
지각을 했어.

호밀맛 쿠키가 한 말은
거짓말이야.

호밀맛 쿠키는 지각을 했고,
나도 지각을 했어.

156

레벨업 퀴즈 ②

다음 글을 잘 읽고
선택지 중 옳은 것을 고르세요.

문해력

작은 뿔꿈틀이의 말을 듣고 검은 젤리가 나오는 괴물 석상을 확인하기 위해 구멍으로 간 용감한 쿠키 일행은 곧 바위로 입구가 막힌 구멍을 발견하게 된다. 작은 뿔꿈틀이는 자신의 말을 믿어주지 않을까 걱정하는 표정이었고, 호밀맛 쿠키는 산사태가 난 건 아닌지 의문을 가졌다. 그리고 그런 일행들을 지켜보던 감초맛 쿠키 일행은 비밀스러운 미소를 지었다.

① 작은 뿔꿈틀이는 검은 젤리가 있는 구멍의 위치를 착각했다.

② 용감한 쿠키 일행은 괴물 석상의 실제 모습을 볼 수 없었다.

③ 호밀맛 쿠키는 구멍 입구를 막은 범인을 알고 있었다.

④ 감초맛 쿠키 일행은 용감한 쿠키 일행에게 가서 구멍을 막은 범인을 밝힐 것이다.

레벨업 퀴즈 ③

①과 ③의 그림을 보고, ②에 들어갈 수 있는 이야기를 자유롭게 써 보세요.

1

으아아앗! 쿠키에게 멸망을…!

콰아아

2

3

검은 젤리가 다 사라졌어!

레벨업 퀴즈 ④

수리를 마친 열기구를 보고 있는 용감한 쿠키와 친구들! A그림과 B그림을 비교하여 다른 곳 7군데를 찾아 보세요.

용감한 킹덤일보 4호

❧ 책 속 이벤트 ❧

꼭 찾아야
만 해!

전설 속 보석의 정체, 전격 대공개?!

대륙 최강의 쿠키가 될 수 있도록 만들어주는 보석이 있다면 당신은 어떻게 하시겠습니까?

전설 속 보석으로 알려진 '이것'이 사실은 실제로 존재한다는 것이 밝혀지면서 쿠키런 세계가 들썩이고 있습니다.

이 보석을 갖게 되면 엄청난 힘과 함께 모든 것에 대한 진실을 얻을 수 있다고 전해져 많은 쿠키들을 설레게 하고 있습니다.

어썸브레드 대륙에 전해 내려오는 전설 속 보석의 이름은 무엇일까요?

정답을 맞히면 푸짐한 선물 있다고 전해져···.

정답을 맞혀 [용감한 킹덤일보]에 제보해 준 독자 15명을 뽑아 선물을 드립니다.

▲쿠키런 킹덤 1000크리스탈 쿠폰 2개(10명)

▲용감한 쿠키 말랑 쿠션(5명)

◆ **참여 방법** ① 카카오톡 채널에서 '서울문화사 어린이책' 채널 추가한다.
② 이벤트 기간 동안 [용감한 킹덤일보 4호] 게시글을 읽는다.
③ [용감한 킹덤일보 4호] 링크를 누르고 질문에 답한다.

◆ **이벤트 기간** 2021년 12월 27일 ~ 2022년 1월 26일까지

◆ **당첨자 발표** 2022년 2월 8일
(서울문화사 어린이책 공식 카카오톡 채널에서 게시글 공지)

※실제 상품은 이미지와 다를 수 있습니다.

✧ 킹덤 일보가 만난 쿠키 ✧

"한주먹에 용을 기절시켜라"?!

최근 바게트 영지를 떠들썩하게 만든 샤방 샤방 공주맛 쿠키 납치 사건이 용감한 쿠키 일행의 활약으로 일단락되면서 용꿈틀이를 한 주먹에 기절시킨 샤방샤방 공주맛 쿠키의 무력도 화제가 되고 있습니다.

일각에서는 '공주로서 품위를 지키지 못했다.'라는 반응이 나오고 있는 가운데, 바게트 영지의 대다수의 쿠키들은 바게트 백작맛 쿠키의 젊은 시절을 떠올리며 그 아빠에 그 딸이라며 샤방샤방 공주맛 쿠키가 영지의 후계자가 될 만하다고 말하고 있습니다.

인자한 미소로 기자들을 맞이한 바게트 백작맛 쿠키의 팔뚝은 근육으로 덮여 있었다.

✧ 레벨업 퀴즈 정답 ✧

퀴즈 1

용감한 쿠키, 호밀맛 쿠키, 뱀파이어맛 쿠키, 커스터드 3세맛 쿠키가 차례대로 참말을 했다고 가정하고 풀면 지각을 한 쿠키는 **용감한 쿠키**이다.

퀴즈 2

②. 검은 젤리가 나오는 괴물 석상은 입구가 막힌 구멍 안에 있으므로 용감한 쿠키 일행은 괴물 석상의 모습을 볼 수 없었다.

퀴즈 4

초판 1쇄 발행 2021년 12월 10일
초판 4쇄 발행 2023년 11월 20일

글 김강현
그림 김기수
발행인 심정섭
편집인 안예남
편집팀장 이주희
편집 양선희, 김정현, 김규리, 송유진
제작 정승헌
브랜드마케팅 김지선
출판마케팅 홍성현, 경주현
디자인 디자인 레브

발행처 ㈜서울문화사
등록일 1988년 2월 16일
등록번호 제2-484
주소 서울시 용산구 새창로 221-19
전화 02-799-9308(편집) | 02-791-0752(출판마케팅)

ISBN 979-11-6438-872-1
ISBN 979-11-6438-804-2 (세트)

kumhong*

금홍팬시
쿠키런 킹덤 문구출시!

COOKIE RUN
KINGDOM

쿠키런 킹덤 문구제품은
전국 이마트에서 만날 수 있어요~

다양한 품목의
문구제품을 만나보세요.

쿠키런 킹덤 전설의 언어술사
1~2권 세트 전격 출간!

New

얼마 전 많은 쿠키들에게
'천하제일 쿠키 대회'의
초대장이 전달되었다.
드디어 새로운 모험을
시작하게 된 쿠키들은
천하제일 쿠키
대회의 우승 상품인
지혜의 숨결을 차지할 수
있을까!

172쪽 | 13,000원

사자성어, 고사성어, 속담, 관용어까지,
초등 필수 어휘를 만화를 통해 배운다!

구입문의 : 02-791-0753(출판마케팅) 서울문화사

쿠키런 COOKIERUN

서바이벌 대작전 ③⑨

고블린맛 쿠키 일족의 방망이를 찾으러 간 좀비맛 쿠키!
뒤늦게 용감한 쿠키 일행도 고블린 아일랜드에 도착하지만, 방망이를 빼앗은 뒤
한바탕 대소동을 일으킨 해적맛 쿠키를 또다시 눈앞에서 놓치고 마는데…!
마지막 세 번째 아이템은 반드시 지켜 내야 한다!

Sisters Corp.
화 : 02)791-0753 (주)서울문화사